MW00964254

Faits cocasses
Charades

Illustrations :
Dominique Pelletier

Éditions ■SCHOLASTIC

100 blagues! Et plus...
Nº 15
© Éditions Scholastic, 2006
Tous droits réservés
Dépôt légal : 3e trimestre 2006

ISBN-10 : 0-439-94267-5
ISBN-13 : 978-0-439-94267-6
Imprimé au Canada

Éditions Scholastic
604, rue King Ouest
Toronto (Ontario)
M5V 1E1
www.scholastic.ca/editions

La girafe est l'animal qui a le plus
long cou. Pourtant, elle a le même
nombre de vertèbres cervicales
que les humains, c'est-à-dire 7.
C'est peu, quand on sait que certains
oiseaux peuvent en avoir jusqu'à 25!

Mon premier dure 365 jours.

Mon deuxième est une syllabe
du prénom Philippe.

Mon troisième est le mot
manquant dans le proverbe
«Tout est _____ qui finit _____ ».

Mon tout vit sur terre et dans l'eau.

QUEL EST LE FRUIT QUE LES POISSONS
N'AIMENT PAS?

RÉPONSE : LA PÊCHE

Une puce peut faire des sauts
de plus de 30 cm. À l'échelle humaine,
c'est comme si nous pouvions sauter
par-dessus un édifice de 70 étages!

Un homme demande à son voisin :

- Avez-vous amené au zoo le pingouin que vous avez trouvé dans la rue?

- Oui, il a bien aimé. Maintenant, on va au cinéma...

QUE DISENT DEUX CHATS QUAND ILS SONT AMOUREUX?

RÉPONSE : ON EST FÉLIN POUR L'AUTRE...

La limace est le plus lent des animaux.
Elle avance à une vitesse
moyenne de 2m/h.

POURQUOI LES POISSONS-CHATS
S'ENNUIENT-ILS?

RÉPONSE : PARCE QU'IL N'Y A PAS DE
POISSONS-SOURIS.

Mon premier est le petit
de la vache.

Mon second est une partie
du château.

Mon tout est un oiseau.

Une femme annonce fièrement à sa voisine :

- Nous avons enfin réussi à dresser notre chien à faire ses besoins sur le journal. Il ne reste plus qu'à lui apprendre à attendre que nous ayons fini de le lire.

. . . .

Un crocodile croise un chien et lui dit d'un air dédaigneux :

- Salut sac à puces!
- Salut sac à main! répond le chien.

Un nouveau patient dit à son psychanalyste :

- Docteur, aidez-moi! Je suis persuadé que je suis un oiseau.

- Perchez-vous là et mangez quelques graines. J'enferme mon chat dans la pièce à côté et vous allez me siffler toute votre histoire...

QU'EST-CE QU'UN OISEAU MIGRATEUR?

RÉPONSE : UN OISEAU QUI SE GRATTE D'UN CÔTÉ SEULEMENT.

Le nid le plus grand est celui
de l'aigle. Il peut atteindre plus
de 3,5 m de haut et 1,5 m
de large. Il est généralement
construit sur les parois
des hautes falaises.

Un petit garçon creuse un grand trou dans son jardin. Son voisin lui demande :

- Pourquoi fais-tu un si grand trou?

- J'enterre mon hamster qui est mort, explique le garçon.

- C'est un bien grand trou pour un si petit hamster, observe le voisin.

- C'est que mon petit hamster est dans le ventre de votre gros chien!

QUE DEMANDE LA PUCE À SON COPAIN À LA SORTIE DU CINÉMA?

RÉPONSE : ON MARCHE OU ON PREND UN CHIEN?

Pour produire 1 kg de miel,
les abeilles doivent parcourir
au total près de 175 000 km!
C'est plus de 4 fois le tour de
la Terre à hauteur de l'équateur!

Grâce à ses deux paires
d'ailes puissantes, la libellule
peut voler à 80 km/h!

La grue cendrée est un grand échassier
d'Europe. Elle mesure plus d'un mètre
de haut et peut voler à 80 km/h,
ce qui lui permet de traverser
la France en une journée!

En passant devant le portail d'une maison, un cambrioleur lit : « ATTENTION! PERROQUET MÉCHANT! » Peu impressionné, il pénètre dans la maison. Une fois à l'intérieur, il aperçoit le fameux perroquet et lui dit :

- Mon pauvre ami, tu ne sers vraiment à rien!

Le perroquet se met alors à hurler :

- Brruutus, mon chien! Attaque!

● ●

Un chat va voir son médecin et demande :

- Docteur, auriez-vous un sirop pour ma toux?

Mon premier sert à voler.

Mon deuxième est la conjonction de coordination la plus utilisée.

Mon troisième est le petit de la biche.

Mon tout est un animal énorme.

Deux amis bavardent :

- Hier, j'ai mangé du bifteck d'oiseau, dit l'un.

- Ça existe, du bifteck d'oiseau? demande l'autre.

- Bien sûr! C'est du bifteck cuit! cuit! cuit!

QUAND LES PETITS POIS POUSSENT-ILS?

RÉPONSE : EN AVRIL, CAR LES PETITS POIS SONT D'AVRIL! (LES PETITS POISSONS D'AVRIL!)

Trois voleurs, dont un idiot, viennent de braquer une banque. Pour ressortir, ils doivent escalader un mur qui se trouve devant la banque. Le premier fait un peu de bruit en escaladant.

- Qui est là? demande le gardien.

- Miaou! répond le premier voleur.

- Ce n'est qu'un chat... se dit le gardien.

Le deuxième voleur fait tomber une pierre en escaladant.

- Qui est là? crie le gardien.

- Miaou! fait le deuxième voleur, imitant le premier.

Le troisième voleur fait tomber une brique en escaladant à son tour.

- Qui est là? demande le gardien.

- C'est le chat! répond le troisième voleur.

Chacun son trou... Le ver de terre,
ou lombric, est hermaphrodite. Après
l'accouplement, les deux partenaires
vont pondre, chacun de leur côté,
leurs œufs fécondés.

Deux poissons s'apprêtent à commettre un vol. Une étoile de mer arrive. Les poissons s'enfuient en hurlant :

- Sauve qui peut! Voilà le shérif!

• •

- J'ai perdu mon chien, dit madame Tremblay à sa voisine.

- Faites passer une annonce, suggère celle-ci.

- Ça ne sert à rien, il ne sait pas lire…

Deux chiens se promènent. Tout à coup, l'un d'eux se met à frétiller.

- Tu as vu? dit-il. Un réverbère neuf! Ça s'arrose!

• •

L'éditeur annonce à l'écrivain :

- J'ai une bonne et une mauvaise nouvelle.

- Commencez par la bonne, demande l'écrivain.

- Paramount a adoré votre livre! Il l'a littéralement dévoré! dit l'éditeur.

- Et la mauvaise nouvelle?

- Paramount, c'est mon chien…

Le flamant rose doit sa couleur
aux colorants contenus dans
les crevettes dont il se nourrit.
Plus il en mange, plus son
plumage rosit!

QU'EST-CE QU'UN POISSON?

RÉPONSE : C'EST UN ANIMAL DONT
LA CROISSANCE EST
EXCESSIVEMENT RAPIDE ENTRE
LE MOMENT OÙ IL EST PRIS
ET LE MOMENT OÙ LE PÊCHEUR
EN FAIT LA DESCRIPTION
À SES AMIS.

Mon premier est un
instrument de musique.

Mon second est le
contraire de laid.

Mon tout est un oiseau noir.

Vous croyez qu'il n'y a qu'une petite souris dans votre maison? Si la femelle peut avoir de 4 à 8 portées de 7 à 10 souriceaux par année, et si les souriceaux atteignent leur maturité sexuelle à l'âge de deux mois... Comptez! Ça vous fait beaucoup d'amis!

Le poisson volant des mers tropicales
et subtropicales a le dos bleuté
et les flancs et le ventre argentés.
Il est capable de planer dans les airs,
faisant parfois des bonds
de 40 à 100 m hors de l'eau
à une vitesse de 50 km/h.

Dans un asile, un fou se promène avec une brosse à dents accrochée à une laisse. Le directeur lui dit :

- Qu'il est beau votre chien!

- Ne faites pas l'idiot! répond le fou. Vous voyez bien que c'est une brosse à dents!

Le croyant guéri, le directeur le libère. Une fois dehors, le fou dit à la brosse à dents :

- Tu vois, Médor, on l'a bien eu!

Un type demande à son coiffeur :

- Pourquoi votre chien me regarde-t-il avec ces yeux-là?

- Il faut que je le dise à Monsieur... De temps en temps, une oreille tombe et il adore ça...

• •

Marguerite est en entrevue chez une dame, où elle sollicite un emploi comme servante.

- Avant que je vous engage, dit la dame, je voudrais vous poser une dernière question. Aimez-vous les chiens et les chats?

- Bien sûr, Madame. Je mange de tout, répond Marguerite, soucieuse de plaire à la dame.

Une enseignante choisit des élèves au hasard et leur pose des questions simples :

- David, quel est le cri de la vache?

- Meuuuuuh!

- Bien! Annie, quel est le cri du chat?

- Miaouuuu!

- Très bien! Samuel, quel est le cri du chien?

- Ouaf!

- Parfait! Jade, quel est le cri de la souris?

- Clic! Clic!

Le cobra indien, qu'on appelle aussi « serpent à lunettes », est l'un des serpents les plus dangereux pour l'homme. Il mord et crache son venin à plus de 2 m de distance en visant les yeux de son adversaire, qu'il peut aveugler définitivement!

On rencontre les cobras indiens
en Inde. Les charmeurs de serpents
les font danser au son de leur flûte,
ou plutôt au mouvement de leur flûte...
En effet, le cobra indien est sourd et
totalement indifférent à la musique!

L'institutrice demande aux élèves :

- Quel est le meilleur moment pour cueillir les cerises?

- Quand le chien de la voisine est attaché, Madame, dit Julien.

• •

Le professeur rend les copies à ses élèves.

- David, ta rédaction sur les chiens ressemble mot pour mot à celle de ta sœur Maxime.

- Normal! Nous avons le même chien.

Mon premier est une note de musique.

Mon second est un conifère de trois lettres.

Mon tout est un petit mammifère.

• •

On sait que la tartine beurrée tombe toujours du côté beurré.

On sait aussi qu'un chat retombe toujours sur ses pattes.

Que se passe-t-il si on beurre le dos du chat?

Un gars entre dans un bar. Tout au fond de la salle, il voit un groupe de joueurs de poker autour d'une table. Parmi les joueurs, il y a un chien!
Le gars se tourne vers le serveur et lui demande :

- Dites-moi, le chien, il se débrouille bien?

- Non, il est stupide... Chaque fois qu'il a un bon jeu, il remue la queue!

Dans son environnement naturel,
le raton laveur lave toujours
ses aliments en les trempant
dans l'eau. C'est pour cette raison
qu'on l'appelle le raton laveur.

Mon premier vit dans les cheveux.

Mon second est le contraire
de beau.

Mon tout est un poussin presque
adulte.

· ·

Lors d'un conflit en mer qui
s'éternise, les poissonniers
décident finalement de durcir
le « thon ».

Un fou se promène en traînant une ficelle derrière lui. Il s'approche d'un gardien et lui demande :

- Avez-vous vu passer l'Homme invisible?

- Non, répond le gardien.

- Bon, répond le fou, si vous le voyez, dites-lui que j'ai retrouvé son chien!

Louis et son copain Robert marchent dans la rue. Soudain, Robert s'écrit :

- Regarde l'oiseau mort!

- Louis lève les yeux au ciel et dit :

- Où ça?

• •

Lors d'une promenade avec ses parents, Sophie trouve une couleuvre.

- Venez vite, hurle-t-elle, j'ai trouvé une queue sans chien!

Tous les oiseaux ont mon premier.

Mon deuxième est une carte maîtresse dans plusieurs jeux.

Mon troisième est un récipient avec une poignée.

Mon tout est un oiseau de rivage.

• •

Mon premier se boit.

Mon second ne dit pas la vérité.

Mon tout est la femelle d'un animal herbivore.

Caroline et ses parents se rendent à l'animalerie pour acheter un poisson rouge. En voyant un grand aquarium, la petite fille s'exclame :

- Il ne faut pas prendre un aquarium trop grand! Pauvre poisson... Il pourrait se noyer!

• •

Une maman demande à son fils :

- Simon, as-tu changé l'eau du poisson rouge?

- Non maman, il n'avait pas tout bu...

Les couples d'aras sont unis
pour la vie! Cet oiseau est le
plus grand des perroquets.
Il anime la forêt tropicale par
ses cris rauques et perçants.

La mante religieuse femelle dévore
souvent le mâle après l'accouplement.
Peu après, elle dépose un sac
rempli de centaines d'œufs
sur un bout de bois.

Une dame appelle ses chiens :

- Sam! Pique! Sam! Pique!

- Eh bien! Cessez de le dire et grattez-vous, Madame! lui dit un passant.

. . . .

On fait cuire les gâteaux dans mon premier.

Mon second est une note de musique.

Mon tout est un insecte très vaillant.

En vacances en Louisiane, un homme entre dans un magasin de chaussures pour s'acheter une paire de souliers de crocodile. Le prix des souliers est si élevé qu'il dit au vendeur :

- Laissez faire, l'ami, je vais m'en chasser moi-même.

Plus tard, le vendeur passe devant un marécage où il voit l'homme, dans l'eau jusqu'à la taille, armé d'un fusil. Sur le bord du marécage gisent six crocodiles morts. Tout à coup, un énorme crocodile s'approche du chasseur qui est dans l'eau! Pan! Le chasseur abat le crocodile, le traîne sur la terre ferme, le retourne sur le dos et s'écrie :

- Zut! un autre qui n'a pas de souliers!

On dort dans mon premier.

Mon second orne la tête
de la chèvre.

Mon tout est un animal
fantastique.

• •

Un homme croise un paysan
accompagné de son chien.
Il lui dit :

- Il est tatoué ce chien?

- Mais bien sûr qu'il est à
moué! répond le paysan.

Le bec du toucan est solide,
mais très léger. Heureusement,
car il mesure plus de la moitié
de son corps!

QUELLE EST LA RACE DE CHIENS LA PLUS DRÔLE?

RÉPONSE : LE CHIHUAHUAHAHA

POURQUOI LE CHIEN POURSUIT-IL SA QUEUE?

RÉPONSE : IL VEUT JOINDRE LES DEUX BOUTS.

La mémoire de l'hirondelle est prodigieuse. En effet, cet oiseau parcourt environ 3000 km pour aller passer l'hiver en Afrique, et retrouve toujours son nid de départ au printemps!

Deux chiens discutent.
Le premier demande :

- Quel est ton nom?

- Ché, répond l'autre.

- Ché? Quel drôle de nom!

- Pourtant, mon maître me dit toujours : « Va, cher Ché ».

Mon premier est la neuvième lettre de l'alphabet.

Mon deuxième recouvre tout notre corps.

Mon troisième est un récipient.

Mon quatrième est un adjectif possessif.

Mon cinquième est un pronom personnel.

Mon tout est un gros animal amphibie.

Une légende veut que l'autruche cache
sa tête dans le sable lorsqu'il y a
un danger. C'est faux. Elle ne cache
jamais sa tête dans la sable.
Quand elle se sent menacée,
elle prend la fuite.

Charlie demande :

- Comment dit-on chat en anglais?

- Cat, répond Catherine.

- Et comment dit-on chien? reprend Charlie.

- Ben, cinq? suggère Catherine.

Un fou installe une chaise sur la glace.
Il sort sa scie et sa canne à pêche, puis
commence à percer un trou dans la glace.
À ce moment-là, une voix d'outre-tombe
annonce :

- Il n'y a pas de poissons ici!

Le fou, stupéfait, s'arrête et regarde
autour de lui. Comme il ne voit personne,
il continue à percer. Encore une fois,
la voix tonne :

- Il n'y a pas de poissons ici!

Le fou s'arrête, tend l'oreille... Ne
voyant personne, il reprend son travail.

- Il n'y a pas de poissons ici! reprend
la voix.

- Qui parle? demande le fou, exaspéré.

- C'est le directeur de la patinoire!
répond la voix.

Après avoir entendu sa mère discuter avec une amie des diverses variétés de lait à donner aux enfants, un petit garçon demande :

- Comment fait-on pour distinguer les vaches écrémées de celles qui ne sont pas écrémées?

Mon premier est un métal précieux.

Mon deuxième est le « lit » des oiseaux.

Mon troisième est le contraire de tard.

Mon quatrième est un organe du corps.

Quand il est content, le chien remue mon cinquième.

Mon tout est un animal très bizarre.

SOIS BEAU ET TAIS-TOI!
Le paon a mauvais caractère.
Il attaque tous les autres oiseaux,
détruit leurs œufs, tue les poussins,
saccage les parterres de fleurs. Son cri
est aussi fort désagréable. Pour ces
raisons, on l'élève de moins en moins
dans les basses-cours. On préfère
le laisser se pavaner dans les parcs
et les jardins.

Un jeune porc bien nourri
grossit de 1 kg par jour
jusqu'à ce qu'il atteigne
son poids adulte.

Mon premier est un oiseau
originaire d'Asie qui fait
la roue.

Mon second est la planète
où l'on vit.

Mon tout est un grand félin
carnassier qui vit en Afrique
et en Asie.

58

On appelle aussi la coccinelle
« bête à bon Dieu », car elle dévore
les pucerons nuisibles aux cultures.
Elle peut d'ailleurs en manger
une quarantaine par jour.

Vous connaissez l'histoire de
Paf le chien?

- Un chien se promène dans la rue.
Une voiture arrive à toute vitesse
devant lui et.... « Paf » le chien!

· ·

Et celle de Scroutch l'escargot?

Un homme court dans un sentier près
d'une rivière. Portant péniblement sa
belle coquille sur son dos, un escargot
se promène dans le même sentier. Le
coureur approche. Il va bientôt passer
par-dessus l'escargot et… « Scroutch »
l'escargot.

Deux poissons discutent :

- Comment ça va?

- Pas bien du tout. Je suis déprimé.

- Allez, prends donc un ver, ça va te remonter!

• •

Mon premier est le contraire de dur.

Mon second est un gros poisson que l'on mange souvent en sandwich.

Mon tout est un animal qu'on élève pour sa toison et pour sa viande.

RANCUNIER?

L'âne n'est ni têtu ni méchant.
Si on le traite bien, il est docile
et affectueux. Si on lui fait mal,
il s'en souvient et devient
« têtu comme une mule ».

Deux puces savantes font des spectacles dans un cirque. Un jour, l'une dit à l'autre :

- On commence à gagner pas mal d'argent : bientôt on va pouvoir s'acheter un chien!

. . . .

Mon premier est la seizième lettre de l'alphabet.

On dort sur mon deuxième.

Mon troisième est l'endroit où certains enfants passent l'été.

Mon tout est un oiseau qui se nourrit de poissons.

Un enfant explique comment attraper un crocodile :

- Il vous faut une boîte d'allumettes vide, une paire de pinces à épiler et une paire de jumelles. Voilà comment on s'y prend : vous regardez le crocodile avec la paire de jumelles, mais en les tenant à l'envers… Vous voyez alors le crocodile tout petit, petit, petit... Vous le prenez avec la pince à épiler et vous le mettez dans la boîte d'allumettes. Le tour est joué!

QUEL CHAT CÉLÈBRE N'A JAMAIS EU LES PATTES MOUILLÉES?

RÉPONSE : LE CHAT BOTTÉ

Sur le bord du Nil, trois hommes aperçoivent un crocodile dans l'eau. Ils se mettent à lui jeter des cailloux. En colère, le crocodile commence à s'approcher de la rive, prêt à monter sur la berge. Deux des hommes se sauvent et grimpent dans un arbre. Le troisième reste-là, impassible. Les autres lui crient :

– Sauve-toi!

– Pas besoin de me sauver! Je n'ai pas jeté de cailloux, moi!

L'éphémère est l'insecte qui a la vie
la plus courte. Au stade adulte,
elle vit de quelques heures à un jour!

Le guide du zoo annonce :

- Cet animal est un crocodile.

- Un croque Odile? Ouf!
Heureusement que je m'appelle Cécile!
dit la petite fille, soulagée.

．．．．．．．．．．．．．．．．．．．．．．．．．．．．．．．．

On dit mon premier lorsque ça sent
mauvais.

Mon second est la partie qui couvre
un édifice pour le protéger des
intempéries.

Mon tout est un animal qui, lorsqu'il
se sent menacé, peut projeter une
sécrétion nauséabonde.

UN SINGE, UN RHINOCÉROS ET
UNE VACHE SONT TOUS SOUS UN
PARAPLUIE. LEQUEL S'EST FAIT
MOUILLER?

RÉPONSE: AUCUN, CAR IL FAISAIT SOLEIL
CE JOUR-LÀ!

POURQUOI LA VACHE A-T-ELLE
LES YEUX FERMÉS?

RÉPONSE : PARCE QU'ELLE FABRIQUE
DU LAIT CONCENTRÉ.

Cinq minutes! C'est le temps que prend
un castor pour couper un arbre
de 10 cm de diamètre. Il utilise les
troncs pour construire son barrage
qui peut mesurer 300 m de long
et 3 m d'épaisseur.

Un homme mécontent frappe à la porte de son voisin.

- Monsieur, votre chien aboie toute la nuit!

- Oh, ce n'est pas grave… Il dort toute la journée!

Le koala se nourrit exclusivement de
feuilles d'eucalyptus – il en mange
parfois 1 kg par jour –, si bien qu'il
sent lui-même l'eucalyptus. Si tu
fermais les yeux et que tu respirais
son odeur, tu pourrais presque penser
que tu sens une pastille pour la gorge!

Un chien méchant poursuit un fou autour d'un arbre.

— Attention, dit l'infirmier, il va vous rattraper!

— Mais non! dit le fou, j'ai deux tours d'avance…

• •

Petite annonce : À vendre, chien aimant les enfants, mais pouvant se satisfaire de croquettes.

QUEL POISSON NE FÊTE PAS SON ANNIVERSAIRE?

RÉPONSE : LE POISSON PANÉ

Un aveugle va au restaurant avec son chien. Il commande une bière et à boire pour l'animal. Le serveur demande :

- Une bière pour le chien aussi?

- Sûrement pas, répond l'aveugle. C'est lui qui conduit!

Deux vaches discutent dans un pré.

- Tu n'as pas peur d'attraper la vache folle? dit la première.

- Je n'ai rien à craindre, répond la deuxième, je suis un canard. Coin! Coin!

UNE VACHE EST ASSISE SUR UNE FEUILLE DANS UN ARBRE. COMMENT FAIT-ELLE POUR DESCENDRE?

RÉPONSE : ELLE ATTEND L'AUTOMNE.

MORT VIVANT!

La marmotte hiberne pendant 5 mois. Pendant son hibernation, son rythme cardiaque passe de 80 à 4 battements par minute, sa fréquence respiratoire de 40 à 2 inspirations par minute et la température de son corps de 37° à 5° C! Elle dort… comme une marmotte!

Deux bassets croisent un lévrier dans la rue.

-Tu aimes ces chiens-là? demande un des bassets à l'autre.

- Non, je ne peux pas les sentir!

● ●

Quand tu fais un saut en parachute, tant que tu vois les vaches comme des fourmis, tu n'as pas à t'inquiéter. Quand tu commences à voir les vaches comme des vaches, c'est le temps d'ouvrir ton parachute... Et quand tu vois les fourmis comme des vaches... Il est trop tard!

POURQUOI LES CHATS N'AIMENT-ILS PAS
L'EAU?

RÉPONSE : PARCE QU'AVEC L'EAU MINET
RÂLE (L'EAU MINÉRALE).

POURQUOI LES SOURIS N'AIMENT-ELLES
PAS JOUER AUX DEVINETTES?

RÉPONSE : PARCE QU'ELLES ONT PEUR DE
DONNER LEUR LANGUE AU CHAT.

Mon premier est une partie du corps humain où se trouvent les vertèbres.

Mon second est le mot qui signifie avoir le ventre vide.

Mon tout est un mammifère marin très intelligent et sociable.

• •

Une belle vache vient de gagner le deuxième prix de beauté dans un concours agricole.

– Vous êtes contente? lui demande une journaliste.

– Oui, mais j'espère faire MEUH la prochaine fois.

LENTEMENT, MAIS SÛREMENT!
Le loup est le plus endurant
des mammifères. Il peut trotter
à une vitesse de 7 ou 8 km/h
sur une distance de 200 km
sans jamais se fatiguer!

Mon premier est un mot de trois lettres synonyme d'idiot.

Mon deuxième indique que c'est à moi.

Mon troisième recouvre plus de 70 % de la Terre.

Mon tout est le petit d'un poisson.

Un idiot vend des hot dogs à un coin de rue. Pendant qu'il sert ses clients, une dame passe fièrement avec un basset fort obéissant, qui marche sur deux pattes. Un homme dit à la dame :

- Il est bien bon, mais les bouledogues sont meilleurs!

Le lendemain, l'idiot s'apprête à servir son premier client. Il coupe une saucisse en deux et met soigneusement les deux bouts dans un petit pain bien rond. Il emballe la chose et, tout souriant, la fait rouler sur le comptoir devant son client.

- Vous n'avez plus de pains pour hot dogs?

- Mais pas du tout! Un client a dit hier que les boules dogs étaient meilleurs...

Le hérisson se met en boule
au moindre danger, tous ses piquants
bien hérissés. Il faudrait une très
grande force pour le dérouler.

UN HÉRISSON CHERCHE SA MAMAN DANS LE NOIR, EN PLEIN DÉSERT. SOUDAIN, IL SE COGNE CONTRE UN CACTUS. QUE DIT-IL?

RÉPONSE : MAMAN! JE T'AI TROUVÉE!

Dehors, par un jour de grand froid, deux poules placotent ensemble.

- Tu es folle de couver dehors par un temps pareil! dit la première.

- Je n'ai pas le choix! répond l'autre. Le pâtissier a besoin d'œufs en neige!

DIVIN DIABLE...
La lotte de mer est tellement laide qu'on la surnommait autrefois « crapaud » ou « diable de mer ». Les pêcheurs la considéraient comme un monstre porte-malheur. Aujourd'hui, sa chair fine est prisée des fins gourmets.

OÙ TROUVE-T-ON DES CHATS DRÔLES?

RÉPONSE : DANS LES LIVRES, CAR
IL Y A DES CHAPITRES.
(CHATS PITRES).

À l'arrêt d'autobus, maman
tortue dit à son fils :

- Surtout ne t'éloigne pas
trop! L'autobus passe dans
deux heures.

Les Dalmatiens étaient autrefois utilisés dans les casernes de pompiers pour garder les chevaux et pour leur tenir compagnie. Aujourd'hui, il n'y a plus de chevaux dans les casernes, mais le Dalmatien reste pour les pompiers un porte-bonheur, une tradition et un bon compagnon entre deux feux!

Un garçon demande à son ami :

- As-tu déjà vu un éléphant caché derrière un arbre?

- Non! Il devait être bien caché!

● ●

- Il faut être bon avec les animaux, explique le professeur.

- Oui, dit Caroline, il ne faut surtout pas les traiter comme des bêtes...

Mon premier est le contraire de sur.

Mon deuxième est une céréale grandement utilisée dans la cuisine asiatique.

Mon troisième sert à prendre de l'eau au puits.

Mon tout est le petit d'un rongeur.

Ce que craint le plus la tortue,
c'est de se retrouver sur le dos,
car il lui est impossible de se
retourner toute seule.

Deux escargots se promènent sur une plage, quand ils rencontrent une limace.

- Vite, mon ami! On fait demi-tour! Nous sommes sur une plage de nudistes!

• •

Un petit garçon dit à son papa en rentrant de l'école :

- Mon enseignant ne sait même pas à quoi ressemble un cheval!

- Vraiment? Cela m'étonne…

- C'est vrai! Quand je lui ai montré le cheval que j'avais dessiné, il m'a demandé ce que c'était.

Pour échapper à un prédateur,
l'écrevisse peut se couper
un membre. La partie perdue
se régénèrera d'elle-même.

Un citron et une vache entrent dans une banque pour la cambrioler. Le citron dit :

- Plus un zeste!

- On ne bouse plus! crie la vache.

• •

Un écureuil se gare devant un panneau de stationnement interdit. Un policier arrive et demande :

- Vous voulez une amende?

- Non merci, dit l'écureuil, je préfère les noisettes.

Deux mouches sont sur
un tas de déchets. L'une pète
et l'autre lui dit :

- Tu es dégoûtante! Péter
à table...

. . . .

Deux abeilles discutent.

- J'ai pris un abonnement à
Internet!

- Super! Je vais pouvoir
t'envoyer un e-miel!

Une vache donne environ 4000 litres
de lait par an. Certaines races
championnes peuvent en fournir
le double, voire jusqu'à 10 000
litres!

Il roule sa boule... de crotte.
Le bousier est un insecte qui
adore les bouses de vache.
Il les décortique en petites
boulettes avant de les rouler dans
son terrier pour les manger.

Une tortue vient de se faire piquer le nez par une abeille.

- Zut! dit-elle, je vais encore devoir passer la nuit dehors…

• •

On couvre nos pieds avec mon premier.

Mon deuxième provient de la toison d'un animal.

Mon troisième est une couleur primaire.

Mon tout est le plus grand animal de notre planète.

À la période des amours, l'autruche
mâle creuse un trou de 1 m
de diamètre qui sert de nid à toutes
ses femelles. Celles-ci viennent pondre
7 ou 8 œufs chacune. Le male et
la femelle dominante du groupe se
partagent le soin de couver
les œufs pendant 42 jours.

Un œuf d'autruche pèse 1,5 kg,
l'équivalent d'environ 25 œufs de poule!

Mon premier est la première syllabe
du nom de l'oiseau qu'on appelle aussi
oiseau-mouche.

Mon deuxième est un membre
supérieur des humains.

Mon troisième est un adjectif qui
concerne le roi.

Mon tout est un redoutable reptile.

• •

Mon premier est le contraire de vrai.

Mon deuxième est la première syllabe
du mot consensus.

On se sert de mon troisième pour
enlever la neige.

Mon quatrième est un grand fleuve
d'Europe.

Mon tout est un oiseau de proie.

Dans la brousse, deux tigres sont assis devant une trousse médicale :

- C'était un bon vétérinaire, dit l'un.

- Dommage qu'il n'en reste plus! renchérit l'autre.

• •

Deux fous sont à la chasse au lapin. L'un dit à l'autre :

- Ce n'est pas facile d'attirer un lapin.

- C'est vrai! dit l'autre. Le plus dur, c'est d'imiter le cri d'une carotte...

Attention aux grenouilles volantes!
Dans certaines forêts tropicales,
des grenouilles arboricoles se déplacent
en « volant ». Elles ont des ventouses
pour bien s'accrocher aux arbres et
des doigts palmés qu'elles écartent
comme des ailes.

Un lapin vient tous les jours dans une boucherie et demande :

- Avez-vous des carottes?

Et chaque jour, le boucher répond :

- Non. Ici, c'est une boucherie.

Au bout de deux semaines, le boucher dit au lapin :

- Si tu reviens encore demain et que tu me demandes des carottes, je te cloue au mur par les oreilles!

Le lendemain, le lapin revient et demande :

- Avez-vous des clous?

- Non, répond le boucher.

- Alors, avez-vous des carottes?

Au bout d'un mois, le petit de
la poule, le poussin, s'appelle
un coquelet. À trois mois, on l'appelle
poulet et il s'en va à l'épicerie...
La poule et le coq sont simplement
les adultes que l'on a épargnés afin
qu'ils se reproduisent et que la poule
donne des œufs.

Une petite crevette pleure sur le bord de l'eau. Un escargot qui passe par là lui demande :

- Mais pourquoi pleures-tu?

La petite crevette répond :

- Ma mère est partie à un cocktail et elle n'est toujours pas revenue...

COMMENT FAIT-ON TAIRE UN PERROQUET DE 10 KILOS QUI PARLE TROP?

RÉPONSE : ON ACHÈTE UN CHAT DE 20 KILOS TRÈS SILENCIEUX.

Le mammifère le plus rapide au monde est le guépard. Il peut atteindre une vitesse de 110 km/h, ce qui lui permet de chasser des proies rapides comme les gazelles.

Un kangourou entre dans un café et commande un capuccino. Le serveur lui apporte la facture. Le kangourou cherche dans sa poche et lui tend un billet de 20 $. Pendant qu'il boit, le serveur dit :

- On ne voit pas souvent de kangourous dans ce café.

- À 20 $ le capuccino, ça ne m'étonne pas!

● ●

- Dis-moi Sam, qu'est-ce qui a six pattes, qui est bleu, noir et vert, et qui est poilu?

- Je n'en ai aucune idée…

- Moi non plus, mais tu l'as dans le cou!

Les chauves-souris sont les seuls mammifères volants. Elles se dirigent dans l'obscurité grâce à leur radar. En vol, elles émettent des sons très aigus, inaudibles pour les oreilles humaines. L'écho de ces sons leur indique les obstacles à éviter.

Solutions des charades

Page 4 ....Amphibien
Page 8 ....Vautour
Page 17 ....Éléphant
Page 24 ....Corbeau
Page 33 ....Lapin
Page 36 ....Poulet
Page 39 ....Bécasseau
Page 39 ....Jument
Page 43 ....Fourmi
Page 45 ....Licorne
Page 50 ....Hippopotame
Page 55 ....Ornithorynque
Page 58 ....Panthère
Page 61 ....Mouton
Page 63 ....Pélican
Page 67 ....Putois
Page 78 ....Dauphin
Page 80 ....Saumoneau
Page 88 ....Souriceau
Page 96 ....Baleine bleue
Page 99 ....Cobra royal
Page 99 ....Faucon pèlerin